# Manifiesto Comunista

*Escrito Por*

Karl Marx

Friedrich Engels

*De la edición de 1893 Manifiesto Del Partido Comunista de Carlos Marx y Federico Engels.*
*Se pueden proporcionar comentarios sobre esta edición en Innovative Eggz.com*

# Contenido

# Prólogos De Marx Y Engels
# A Varias Ediciones Del Manifiesto

## I - Prólogo De Marx Y Engels
## A La Edición Alemana De 1872

La Liga Comunista, una organización obrera internacional, que en las circunstancias de la época -huelga decirlo- sólo podía ser secreta, encargó a los abajo firmantes, en el congreso celebrado en Londres en noviembre de 1847, la redacción de un detallado programa teórico y práctico, destinado a la publicidad, que sirviese de programa del partido. Así nació el Manifiesto, que se reproduce a continuación y cuyo original se remitió a Londres para ser impreso pocas semanas antes de estallar la revolución de febrero. Publicado primeramente en alemán, ha sido reeditado doce veces por los menos en ese idioma en Alemania, Inglaterra y Norteamérica. La edición inglesa no vio la luz hasta 1850, y se publicó en el Red Republican de Londres, traducido por miss Elena Macfarlane, y en 1871 se editaron en Norteamérica no menos de tres traducciones distintas. La versión francesa apareció por vez primera en París poco antes de la insurrección de junio de 1848; últimamente ha vuelto a publicarse en Le Socialiste de Nueva York, y se prepara una nueva traducción. La versión polaca apareció en Londres poco después de la primera edición alemana. La traducción rusa vio la luz en Ginebra en el año sesenta y tantos. Al danés se tradujo a poco de publicarse.

Por mucho que durante los últimos veinticinco años hayan cambiado las circunstancias, los principios generales desarrollados en este Manifiesto siguen siendo substancialmente exactos. Sólo tendría que retocarse algún que otro detalle. Ya el propio Manifiesto advierte que la aplicación práctica de estos principios dependerá en todas partes y en todo tiempo de las circunstancias históricas existentes, razón por la que no se hace especial hincapié en las medidas revolucionarias propuestas al final del capítulo II. Si tuviésemos que formularlo hoy, este pasaje presentaría un tenor distinto en muchos respectos. Este programa ha quedado a trozos anticuado por efecto del inmenso desarrollo experimentado por la gran industria en los últimos veinticinco años, con los consiguientes progresos ocurridos en cuanto a la organización política de la clase obrera, y por el efecto de las experiencias prácticas de la revolución de febrero en primer término, y sobre todo de la Comuna de París, donde el proletariado, por vez primera, tuvo el Poder político en sus manos por espacio de dos meses. La comuna ha demostrado, principalmente, que "la clase obrera no puede limitarse a tomar posesión de la máquina del Estado en bloque, poniéndola en marcha para sus propios fines".[1] Huelga, asimismo, decir que la crítica de la literatura socialista presenta hoy lagunas, ya que sólo llega hasta 1847, y, finalmente, que las indicaciones que se hacen acerca de la actitud de los comunistas para con los diversos partidos de la oposición (capítulo IV), aunque sigan

---

1. V. La guerra civil en Francia, alocución del Consejo general de la Asociación Obrera Internacional, edición alemana, pág. 51, donde se desarrolla ampliamente esta idea.

siendo exactas en sus líneas generales, están también anticuadas en lo que toca al detalle, por la sencilla razón de que la situación política ha cambiado radicalmente y el progreso histórico ha venido a eliminar del mundo a la mayoría de los partidos enumerados.

Sin embargo, el Manifiesto es un documento histórico, que nosotros no nos creemos ya autorizados a modificar. Tal vez una edición posterior aparezca precedida de una introducción que abarque el período que va desde 1847 hasta los tiempos actuales; la presente reimpresión nos ha sorprendido sin dejarnos tiempo para eso.

Londres, 24 de junio de 1872. K. MARX. F. ENGELS.

## II - Prólogo De Engels
## A La Edición Alemana De 1883

Desgraciadamente, al pie de este prólogo a la nueva edición del Manifiesto ya sólo aparecerá mi firma. Marx, ese hombre a quien la clase obrera toda de Europa y América debe más que a hombre alguno, descansa en el cementerio de Highgate, y sobre su tumba crece ya la primera hierba. Muerto él, sería doblemente absurdo pensar en revisar ni en ampliar el Manifiesto. En cambio, me creo obligado, ahora más que nunca, a consignar aquí, una vez más, para que quede bien patente, la siguiente afirmación:

La idea central que inspira todo el Manifiesto, a saber: que el régimen económico de la producción y la estructuración social que de él se deriva necesariamente en cada época histórica constituye la base sobre la cual se asienta la historia política e intelectual de esa época, y que, por tanto, toda la historia de la sociedad -una vez disuelto el primitivo régimen de comunidad del suelo- es una historia de luchas de clases, de luchas entre clases explotadoras y explotadas, dominantes y dominadas, a tono con las diferentes fases del proceso social, hasta llegar a la fase presente, en que la clase explotada y oprimida -el proletariado- no puede ya emanciparse de la clase que la explota y la oprime -de la burguesía- sin emancipar para siempre a la sociedad entera de la opresión, la explotación y las luchas de clases; esta idea cardinal fue fruto personal y exclusivo de Marx.

Y aunque ya no es la primera vez que lo hago constar, me ha parecido oportuno dejarlo estampado aquí, a la cabeza del Manifiesto.

Londres, 28 junio 1883. F. ENGELS.

## III - Prólogo De Engels
## A La Edición Alemana De 1890

Ve la luz una nueva edición alemana del Manifiesto cuando han ocurrido desde la última diversos sucesos relacionados con este documento que merecen ser mencionados aquí. En 1882 se publicó en Ginebra una segunda traducción rusa, de Vera Sasulichl, precedida de un prologo de Marx y mío. Desgraciadamente, se me ha extraviado el original alemán de este prólogo y no tengo más remedio que volver a traducirlo del ruso, con lo que el lector no saldrá ganando nada. El prólogo dice así:

"La primera edición rusa del Manifiesto del Partido Comunista, traducido por Bakunin, vio la luz poco después de 1860 en la imprenta del Kolokol. En los tiempos que corrían, esta publicación no podía tener para Rusia, a lo sumo, más que un puro valor literario de curiosidad. Hoy las cosas han cambiado. El último capítulo del Manifiesto, titulado "Actitud de los comunistas ante los otros partidos de la oposición", demuestra mejor que nada lo limitada que era la zona en que, al ver la luz por vez primera este documento (enero de 1848), tenía que actuar el movimiento proletario. En esa zona faltaban, principalmente, dos países: Rusia y los Estados Unidos. Era la época en que Rusia constituía la última reserva magna de la reacción europea y en que la emigración a los Estados Unidos absorbía las energías sobrantes del proletariado de Europa. Ambos países proveían a Europa de primeras materias, a la par que le brindaban mercados para sus productos industriales. Ambos venían a ser, pues, bajo uno u otro aspecto, pilares del orden social europeo.

Hoy las cosas han cambiado radicalmente. La emigración europea sirvió precisamente para imprimir ese gigantesco desarrollo a la agricultura norteamericana, cuya concurrencia está minando los cimientos de la grande y la pequeña propiedad inmueble de Europa. Además, ha permitido a los Estados Unidos entregarse a la explotación de sus copiosas fuentes industriales con tal energía y en proporciones tales, que dentro de poco echará por tierra el monopolio industrial de que hoy disfruta la Europa occidental. Estas dos circunstancias repercuten a su vez revolucionariamente sobre la propia América. La pequeña y mediana propiedad del granjero que trabaja su propia tierra sucumbe progresivamente ante la concurrencia de las grandes explotaciones, a la par que en las regiones industriales empieza a formarse un copioso proletariado y una fabulosa concentración de capitales.

Pasemos ahora a Rusia. Durante la sacudida revolucionaria de los años 48 y 49, los monarcas europeos, y no sólo los monarcas, sino también los burgueses, aterrados ante el empuje del proletariado, que empezaba a, cobrar por aquel entonces conciencia de su fuerza, cifraban en la intervención rusa todas sus esperanzas. El zar fue proclamado cabeza de la reacción europea. Hoy, este mismo zar se ve apresado en Gatchina como rehén de la revolución y Rusia forma la avanzada del movimiento revolucionario de Europa.

El Manifiesto Comunista se proponía por misión proclamar la desaparición inminente e inevitable de la propiedad burguesa en su estado actual. Pero en Rusia nos encontramos con que, coincidiendo con el orden capitalista en febril desarrollo y la propiedad burguesa del suelo que empieza a formarse, más de la mitad de la tierra es propiedad común de los campesinos.

Ahora bien -nos preguntamos-, ¿puede este régimen comunal del concejo ruso, que es ya, sin duda, una degeneración del régimen de comunidad primitiva de la tierra, trocarse directamente en una forma más alta de comunismo del suelo, o tendrá que pasar necesariamente por el mismo proceso previo de descomposición que nos revela la historia del occidente de Europa? La única contestación que, hoy por hoy, cabe dar a esa pregunta, es la siguiente: Si la revolución rusa es la señal para la revolución obrera de Occidente y ambas se completan formando una unidad, podría ocurrir que ese régimen comunal ruso fuese el punto de partida para la implantación de una nueva forma comunista de la tierra. Londres, 21 enero 1882."

Por aquellos mismos días, se publicó en Ginebra una nueva traducción polaca con este título: Manifest Kommunistyczny.

Asimismo, ha aparecido una nueva traducción danesa, en la "Socialdemokratisk Bibliothek, Köjbenhavn 1885". Es de lamentar que esta traducción sea incompleta; el traductor se saltó, por lo visto, aquellos pasajes, importantes muchos de ellos, que le parecieron difíciles; además, la versión adolece de precipitaciones en una serie de lugares, y es una lástima, pues se ve que, con un poco más de cuidado, su autor habría realizado un trabajo excelente. En 1886 apareció en Le Socialiste de París una nueva traducción francesa, la mejor de cuantas han visto la luz hasta ahora.

Sobre ella se hizo en el mismo año una versión española, publicada primero en El Socialista de Madrid y luego, en tirada aparte, con este título: Manifiesto del Partido Comunista, por Carlos Marx y F. Engels (Madrid, Administración de El Socialista, Hernán Cortés, 8). Como detalle curioso contaré que en 1887 fue ofrecido a un editor de Constantinopla el original de una traducción armenia; pero el buen editor no se atrevió a lanzar un folleto con el nombre de Marx a la cabeza y propuso al traductor publicarlo como obra original suya, a lo que éste se negó.

Después de haberse reimpreso repetidas veces varias traducciones norteamericanas más o menos incorrectas, al fin, en 1888, apareció en Inglaterra la primera versión auténtica, hecha por mi amigo Samuel Moore y revisada por él y por mí antes de darla a las prensas. He aquí el título: Manifesto of the Communist Party, by Karl Marx and Frederick Engels. Authorised English Translation, edited and annotated by Frederíck Engels. 1888. London, William Reeves, 185 Flett St. E. C. Algunas de las notas de esta edición acompañan a la presente. El Manifiesto ha tenido sus vicisitudes. Calurosamente acogido a su aparición por la vanguardia, entonces poco numerosa, del socialismo científico -como lo demuestran las diversas traducciones mencionadas en el primer prólogo-, no tardó en pasar a segundo plano, arrinconado por la reacción que se inicia con la derrota de los obreros parisienses en junio de 1848 y anatematizado, por último, con el anatema de la justicia al ser condenados los comunistas por el tribunal de Colonia en noviembre de 1852. Al abandonar la escena Pública, el movimiento obrero que la revolución de febrero había iniciado, queda también envuelto en la penumbra el Manifiesto.

Cuando la clase obrera europea volvió a sentirse lo bastante fuerte para lanzarse de nuevo al asalto contra las clases gobernantes, nació la Asociación Obrera Internacional. El fin de esta organización era fundir todas las masas obreras militantes de Europa y América en un gran cuerpo de ejército. Por eso, este movimiento no podía arrancar de los principios sentados en el Manifiesto. No había más remedio que darle un programa que no cerrase el paso a las tradeuniones inglesas, a los proudhonianos franceses, belgas, italianos y españoles ni a los partidarios de Lassalle en Alemania. Este programa con las normas directivas para los estatutos de la Internacional, fue redactado por Marx con una maestría que hasta el propio Bakunin y los anarquistas hubieron de reconocer. En cuanto al triunfo final de las tesis del Manifiesto, Marx ponía toda su confianza en el desarrollo intelectual de la clase obrera, fruto obligado de la acción conjunta y de la discusión. Los sucesos y vicisitudes de la lucha contra el capital, y más aún las derrotas que las victorias, no podían menos de revelar al proletariado militante, en toda su desnudez, la insuficiencia de los remedios milagreros que venían empleando e infundir a sus cabezas una mayor claridad de visión para penetrar en las verdaderas condiciones que habían de presidir la emancipación obrera. Marx no se equivocaba. Cuando en 1874 se disolvió la Internacional, la clase obrera difería radicalmente de aquella con que se encontrara al fundarse en 1864. En los países latinos, el proudhonianismo agonizaba, como en Alemania lo que había de específico en el partido de Lassalle, y hasta las mismas tradeuniones inglesas, conservadoras hasta la médula, cambiaban de espíritu, permitiendo al presidente de su congreso, celebrado en Swansea en 1887, decir en nombre suyo: "El socialismo continental ya no nos asusta". Y en 1887 el socialismo continental se cifraba casi en los principios proclamados por el Manifiesto. La historia de este documento refleja, pues, hasta cierto punto, la historia moderna del movimiento obrero desde 1848. En la actualidad es indudablemente el documento más extendido e internacional de toda la literatura socialista del mundo, el programa que une a muchos millones de trabajadores de todos los países, desde Siberia hasta California.

Y, sin embargo, cuando este Manifiesto vio la luz, no pudimos bautizarlo de Manifiesto *Socialista*. En 1847, el concepto de "socialista" abarcaba dos categorías de personas. Unas eran las que abrazaban diversos sistemas utópicos, y entre ellas se destacaban los owenistas en Inglaterra, y en Francia los fourieristas, que poco a poco habían ido quedando reducidos a dos sectas agonizantes. En la otra formaban los charlatanes sociales de toda laya, los que aspiraban a remediar las injusticias de la sociedad con sus potingues mágicos y con toda serie de remiendos, sin tocar en lo más mínimo, claro está, al capital ni a la ganancia. Gentes unas y otras ajenas al movimiento obrero, que iban a buscar apoyo para sus teorías a las clases "cultas". El sector obrero que, convencido de la insuficiencia y superficialidad de las meras conmociones políticas, reclamaba una radical transformación de la sociedad, se apellidaba comunista. Era un comunismo toscamente delineado, instintivo, vago, pero lo bastante pujante para engendrar dos sistemas utópicos: el del "ícaro" Cabet en Francia y el de Weitling en Alemania. En 1847, el "socialismo" designaba un movimiento burgués, el "comunismo" un movimiento obrero. El socialismo era, a lo menos en el continente, una doctrina presentable en los salones; el comunismo, todo lo contrario. Y como en nosotros era ya entonces firme la convicción de que "la emancipación de los trabajadores sólo podía ser obra de la propia clase obrera", no podíamos dudar en la elección de título. Más tarde no se nos pasó nunca por las mentes tampoco modificarlo.

"¡Proletarios de todos los países, uníos!" Cuando hace cuarenta y dos años lanzamos al mundo estas palabras, en vísperas de la primera revolución de París, en que el proletariado levantó ya sus propias reivindicaciones, fueron muy pocas las voces que contestaron. Pero el 28 de septiembre de 1864, los representantes proletarios de la mayoría de los países del occidente de Europa se reunían para formar la Asociación Obrera Internacional, de tan glorioso recuerdo. Y aunque la Internacional sólo tuviese nueve años de vida, el lazo perenne de unión entre los proletarios de todos los países sigue viviendo con más fuerza que nunca; así lo atestigua, con testimonio irrefutable, el día de hoy. Hoy, primero de Mayo, el proletariado europeo y americano pasa revista por vez primera a sus contingentes puestos en pie de guerra como un ejército único, unido bajo una sola bandera y concentrado en un objetivo: la jornada normal de ocho horas, que ya proclamara la Internacional en el congreso de Ginebra en 1889, y que es menester elevar a ley. El espectáculo del día de hoy abrirá los ojos a los capitalistas y a los grandes terratenientes de todos los países y les hará ver que la unión de los proletarios del mundo es ya un hecho.

¡Ya Marx no vive, para verlo, a mi lado!

Londres, 1 de mayo de 1890. F. ENGELS.

# IV - Prólogo De Engels
# A La Edición Polaca De 1892

La necesidad de reeditar la versión polaca del Manifiesto Comunista, requiere un comentario. Ante todo, el Manifiesto ha resultado ser, como se proponía, un medio para poner de relieve el desarrollo de la gran industria en Europa. Cuando en un país, cualquiera que él sea, se desarrolla la gran industria brota al mismo tiempo entre los obreros industriales el deseo de explicarse sus relaciones como clase, como la clase de los que viven del trabajo, con la clase de los que viven de la propiedad. En estas circunstancias, las ideas socialistas se extienden entre los trabajadores y crece la demanda del Manifiesto Comunista. En este sentido, el número de ejemplares del Manifiesto que circulan en un idioma dado nos permite apreciar bastante aproximadamente no sólo las condiciones del movimiento obrero de clase en ese país, sino también el grado de desarrollo alcanzado en él por la gran industria.

La necesidad de hacer una nueva edición en lengua polaca acusa, por tanto, el continuo proceso de expansión de la industria en Polonia. No puede caber duda acerca de la importancia de este proceso en el transcurso de los diez años que han mediado desde la aparición de la edición anterior. Polonia se ha convertido en una región industrial en gran escala bajo la égida del Estado ruso.

Mientras que en la Rusia propiamente dicha la gran industria sólo se ha ido manifestando esporádicamente (en las costas del golfo de Finlandia, en las provincias centrales de Moscú y Vladimiro, a lo largo de las costas del mar Negro y del mar de Azov), la industria polaca se ha concentrado dentro de los confines de un área limitada, experimentando a la par las ventajas y los inconvenientes de su situación. Estas ventajas no pasan inadvertidas para los fabricantes rusos; por eso alzan el grito pidiendo aranceles protectores contra las mercancías polacas, a despecho de su ardiente anhelo de rusificación de Polonia. Los inconvenientes (que tocan por igual los industriales polacos y el Gobierno ruso) consisten en la rápida difusión de las ideas socialistas entre los obreros polacos y en una demanda sin precedente del Manifiesto Comunista.

El rápido desarrollo de la industria polaca (que deja atrás con mucho a la de Rusia) es una clara prueba de las energías vitales inextinguibles del pueblo polaco y una nueva garantía de su futuro renacimiento. La creación de una Polonia fuerte e independiente no interesa sólo al pueblo polaco, sino a todos y cada uno de nosotros. Sólo podrá establecerse una estrecha colaboración entre los obreros todos de Europa si en cada país el pueblo es dueño dentro de su propia casa. Las revoluciones de 1848 que, aunque reñidas bajo la bandera del proletariado, solamente llevaron a los obreros a la lucha para sacar las castañas del fuego a la burguesía, acabaron por imponer, tomando por instrumento a Napoleón y a Bismarck (a los enemigos de la revolución), la independencia de Italia, Alemania y Hungría. En cambio, a Polonia, que en 1791 hizo por la causa revolucionaria más que estos tres países juntos, se la dejó sola cuando en 1863 tuvo que enfrentarse con el poder diez veces más fuerte de Rusia.

La nobleza polaca ha sido incapaz para mantener, y lo será también para restaurar, la independencia de Polonia. La burguesía va sintiéndose cada vez menos interesada en este asunto. La independencia polaca sólo podrá ser conquistada por el proletariado joven, en cuyas manos está la realización de esa esperanza. He ahí por qué los obreros del occidente de Europa no están menos interesados en la liberación de Polonia que los obreros polacos mismos.

Londres, 10 de febrero 1892. F. ENGELS

# V - Prólogo De Engels
# A La Edición Italiana De 1893

La publicación del *Manifiesto del Partido Comunista* coincidió (si puedo expresarme así), con el momento en que estallaban las revoluciones de Milán y de Berlín, dos revoluciones que eran el alzamiento de dos pueblos: uno enclavado en el corazón del continente europeo y el otro tendido en las costas del mar Mediterráneo. Hasta ese momento, estos dos pueblos, desgarrados por luchas intestinas y guerras civiles, habían sido presa fácil de opresores extranjeros. Y del mismo modo que Italia estaba sujeta al dominio del emperador de Austria, Alemania vivía, aunque esta sujeción fuese menos patente, bajo el yugo del zar de todas las Rusias. La revolución del 18 de marzo emancipó a Italia y Alemania al mismo tiempo de este vergonzoso estado de cosas. Si después, durante el período que va de 1848 a 1871, estas dos grandes naciones permitieron que la vieja situación fuese restaurada, haciendo hasta cierto punto de "traidores de sí mismas", se debió (como dijo Marx) a que los mismos que habían inspirado la revolución de 1848 se convirtieron, a despecho suyo, en sus verdugos.

La revolución fue en todas partes obra de las clases trabajadoras: fueron los obreros quienes levantaron las barricadas y dieron sus vidas luchando por la causa. Sin embargo, solamente los obreros de París, después de derribar el Gobierno, tenían la firme y decidida intención de derribar con él a todo el régimen burgués. Pero, aunque abrigaban una conciencia muy clara del antagonismo irreductible que se alzaba entre su propia clase y la burguesía, el desarrollo económico del país y el desarrollo intelectual de las masas obreras francesas no habían alcanzado todavía el nivel necesario para que pudiese triunfar una revolución socialista. Por eso, a la postre, los frutos de la revolución cayeron en el regazo de la clase capitalista. En otros países, como en Italia, Austria y Alemania, los obreros se limitaron desde el primer momento de la revolución a ayudar a la burguesía a tomar el Poder. En cada uno de estos países el gobierno de la burguesía sólo podía triunfar bajo la condición de la independencia nacional. Así se explica que las revoluciones del año 1848 condujesen inevitablemente a la unificación de los pueblos dentro de las fronteras nacionales y a su emancipación del yugo extranjero, condiciones que, hasta allí, no habían disfrutado. Estas condiciones son hoy realidad en Italia, en Alemania y en Hungría. Y a estos países seguirá Polonia cuando la hora llegue.

Aunque las revoluciones de 1848 no tenían carácter socialista, prepararon, sin embargo, el terreno para el advenimiento de la revolución del socialismo. Gracias al poderoso impulso que estas revoluciones imprimieron a la gran producción en todos los países, la sociedad burguesa ha ido creando durante los últimos cuarenta y cinco años un vasto, unido y potente proletariado, engendrando con él (como dice el Manifiesto Comunista) a sus propios enterradores. La unificación internacional del proletariado no hubiera sido posible, ni la colaboración sobria y deliberada de estos países en el logro de fines generales, si antes no hubiesen conquistado la unidad y la independencia nacionales, si hubiesen seguido manteniéndose dentro del aislamiento.

Intentemos representarnos, si podemos, el papel que hubieran hecho los obreros italianos, húngaros, alemanes, polacos y rusos luchando por su unión internacional bajo las condiciones políticas que prevalecían hacia el año 1848.

Las batallas reñidas en el 48 no fueron, pues, reñidas en balde. Ni han sido vividos tampoco en balde los cuarenta y cinco años que nos separan de la época revolucionaria. Los frutos de aquellos días empiezan a madurar, y hago votos porque la publicación de esta traducción italiana del Manifiesto sea heraldo del triunfo del proletariado italiano, como la publicación del texto primitivo lo fue de la revolución internacional.

El Manifiesto rinde el debido homenaje a los servicios revolucionarios prestados en otro tiempo por el capitalismo. Italia fue la primera nación que se convirtió en país capitalista. El ocaso de la Edad Media feudal y la aurora de la época capitalista contemporánea vieron aparecer en escena una figura gigantesca. Dante fue al mismo tiempo el último poeta de la Edad Media y el primer poeta de la nueva era. Hoy, como en 1300, se alza en el horizonte una nueva época. ¿Dará Italia al mundo otro Dante, capaz de cantar el nacimiento de la nueva era, de la era proletaria?

Londres, 1 de febrero de 1893. F. ENGELS

# MANIFIESTO DEL PARTIDO COMUNISTA

Un espectro se cierne sobre Europa: el espectro del comunismo. Contra este espectro se han conjurado en santa jauría todas las potencias de la vieja Europa, el Papa y el zar, Metternich y Guizot, los radicales franceses y los polizontes alemanes. No hay un solo partido de oposición a quien los adversarios gobernantes no motejen de comunista, ni un solo partido de oposición que no lance al rostro de las oposiciones más avanzadas, lo mismo que a los enemigos reaccionarios, la acusación estigmatizante de comunismo.

De este hecho se desprenden dos consecuencias: La primera es que el comunismo se halla ya reconocido como una potencia por todas las potencias europeas.

La segunda, que es ya hora de que los comunistas expresen a la luz del día y ante el mundo entero sus ideas, sus tendencias, sus aspiraciones, saliendo así al paso de esa leyenda del espectro comunista con un manifiesto de su partido.

Con este fin se han congregado en Londres los representantes comunistas de diferentes países y redactado el siguiente Manifiesto, que aparecerá en lengua inglesa, francesa, alemana, italiana, flamenca y danesa.

# I. BURGUESES Y PROLETARIOS[1]

Toda la historia de la sociedad humana, hasta la actualidad, es una historia de luchas de clases.[2]

Libres y esclavos, patricios y plebeyos, barones y siervos de la gleba, maestros[3] y oficiales; en una palabra, opresores y oprimidos, frente a frente siempre, empeñados en una lucha ininterrumpida, velada unas veces, y otras franca y abierta, en una lucha que conduce en cada etapa a la transformación revolucionaria de todo el régimen social o al exterminio de ambas clases beligerantes.

En los tiempos históricos nos encontramos a la sociedad dividida casi por doquier en una serie de estamentos, dentro de cada uno de los cuales reina, a su vez, una nueva jerarquía social de grados y posiciones. En la Roma antigua son los patricios, los équites, los plebeyos, los esclavos; en la Edad Media, los señores feudales, los vasallos, los maestros y los oficiales de los gremios, los siervos de la gleba, y dentro de cada una de esas clases todavía nos encontramos con nuevos matices y gradaciones.

La moderna sociedad burguesa que se alza sobre las ruinas de la sociedad feudal no ha abolido los antagonismos de clase. Lo que ha hecho ha sido crear nuevas clases, nuevas condiciones de opresión, nuevas modalidades de lucha, que han venido a sustituir a las antiguas. Sin embargo, nuestra época, la época de la burguesía, se caracteriza por haber simplificado estos antagonismos de clase. Hoy, toda la sociedad tiende a separarse, cada vez más abiertamente, en dos grandes campos enemigos, en dos grandes clases antagónicas: la burguesía y el proletariado.

De los siervos de la gleba de la Edad Media surgieron los "villanos" de las primeras ciudades; y estos villanos fueron el germen de donde brotaron los primeros elementos de la burguesía. El descubrimiento de América, la circunnavegación de Africa abrieron nuevos horizontes e imprimieron nuevo impulso a la burguesía. El

---

1. Por burguesía se comprende a la clase de los capitalistas modernos, que son los propietarios de los medios de producción social y emplean trabajo asalariado. Por proletarios se comprende a los trabajadores asalariados modernos, que, privados de medios de producción propios, se ven obligados a vender su fuerza de trabajo para poder existir. (Nota de F. Engels a la edición inglesa de 1888.)

2. Es decir, la historia escrita. En 1847, la historia de la organización social que precedió a toda la historia escrita, la prehistoria, era desconocida. Posteriormente Haxthausen ha descubierto en Rusia la propiedad comunal de la tierra; Maure ha demostrado que ésta fue la base social de la que partieron históricamente todas las tribus germanas, y se ha ido descubriendo poco a poco que la comunidad rural, con la posesión colectiva de la tierra, ha sido la forma primitiva de la sociedad, desde la India hasta Irlanda. La organización interna de esa sociedad comunista primitiva ha sido puesta en claro, en lo que tiene de típico, con el culminante descubrimiento hecho por Morgan de la verdadera naturaleza de la gens y de su lugar en la tribu. Con la desintegración de estas comunidades primitivas comenzó la diferenciación de la sociedad en clases distintas y, finalmente, antagónicas. He intentado analizar este proceso en la obra Der Ursprung der Familie, des Privateigentums und des Staats (El origen de la familia, la propiedad privada y el Estado), 2°ed, Stuttgart, 1886.

3. Zunftbürger, esto es, miembro de un gremio con todos los derechos, maestro del mismo, y no su dirigente.

mercado de China y de las Indias orientales, la colonización de América, el intercambio con las colonias, el incremento de los medios de cambio y de las mercaderías en general, dieron al comercio, a la navegación, a la industria, un empuje jamás conocido, atizando con ello el elemento revolucionario que se escondía en el seno de la sociedad feudal en descomposición.

El régimen feudal o gremial de producción que seguía imperando no bastaba ya para cubrir las necesidades que abrían los nuevos mercados. Vino a ocupar su puesto la manufactura. Los maestros de los gremios se vieron desplazados por la clase media industrial, y la división del trabajo entre las diversas corporaciones fue suplantada por la división del trabajo dentro de cada taller.

Pero los mercados seguían dilatándose, las necesidades seguían creciendo. Ya no bastaba tampoco la manufactura. El invento del vapor y la maquinaria vinieron a revolucionar el régimen industrial de producción. La manufactura cedió el puesto a la gran industria moderna, y la clase media industrial hubo de dejar paso a los magnates de la industria, jefes de grandes ejércitos industriales, a los burgueses modernos.

La gran industria creó el mercado mundial, ya preparado por el descubrimiento de América. El mercado mundial imprimió un gigantesco impulso al comercio, a la navegación, a las comunicaciones por tierra. A su vez, estos, progresos redundaron considerablemente en provecho de la industria, y en la misma proporción en que se dilataban la industria, el comercio, la navegación, los ferrocarriles, se desarrollaba la burguesía, crecían sus capitales, iba desplazando y esfumando a todas las clases heredadas de la Edad Media.

Vemos, pues, que la moderna burguesía es, como lo fueron en su tiempo las otras clases, producto de un largo proceso histórico, fruto de una serie de transformaciones radicales operadas en el régimen de cambio y de producción.

A cada etapa de avance recorrida por la burguesía corresponde una nueva etapa de progreso político. Clase oprimida bajo el mando de los señores feudales, la burguesía forma en la "comuna"[4] una asociación autónoma y armada para la defensa de sus intereses; en unos sitios se organiza en repúblicas municipales independientes; en otros forma el tercer estado tributario de las monarquías; en la época de la manufactura es el contrapeso de la nobleza dentro de la monarquía feudal o absoluta y el fundamento de las grandes monarquías en general, hasta que, por último, implantada la gran industria y abiertos los cauces del mercado mundial, se conquista la hegemonía política y crea el moderno Estado representativo. Hoy, el Poder público viene a ser, pura y simplemente, el Consejo de administración que rige los intereses colectivos de la clase burguesa.

---

4. Comunas se llamaban en Francia las ciudades nacientes todavía antes de arrancar a sus amos y señores feudales la autonomía local y los derechos políticos como "tercer estado". En términos generales, se ha tomado aquí a Inglaterra como país típico del desarrollo económico de la burguesía, y a Francia como país típico de desarrollo político. (Nota de F. Engels a la edición inglesa de 1888)
Así denominaban los habitantes de las ciudades de Italia y Francia a sus comunidades urbanas, una vez comprados o arrancados a sus señores feudales los primeros derechos de autonomía.

La burguesía ha desempeñado, en el transcurso de la historia, un papel verdaderamente revolucionario.

Dondequiera que se instauró, echó por tierra todas las instituciones feudales, patriarcales e idílicas. Desgarró implacablemente los abigarrados lazos feudales que unían al hombre con sus superiores naturales y no dejó en pie más vínculo que el del interés escueto, el del dinero contante y sonante, que no tiene entrañas. Echó por encima del santo temor de Dios, de la devoción mística y piadosa, del ardor caballeresco y la tímida melancolía del buen burgués, el jarro de agua helada de sus cálculos egoístas. Enterró la dignidad personal bajo el dinero y redujo todas aquellas innumerables libertades escrituradas y bien adquiridas a una única libertad: la libertad ilimitada de comerciar. Sustituyó, para decirlo de una vez, un régimen de explotación, velado por los cendales de las ilusiones políticas y religiosas, por un régimen franco, descarado, directo, escueto, de explotación.

La burguesía despojó de su halo de santidad a todo lo que antes se tenía por venerable y digno de piadoso acontecimiento. Convirtió en sus servidores asalariados al médico, al jurista, al poeta, al sacerdote, al hombre de ciencia.

La burguesía desgarró los velos emotivos y sentimentales que envolvían la familia y puso al desnudo la realidad económica de las relaciones familiares.

La burguesía vino a demostrar que aquellos alardes de fuerza bruta que la reacción tanto admira en la Edad Media tenían su complemento cumplido en la haraganería más indolente. Hasta que ella no lo reveló no supimos cuánto podía dar de sí el trabajo del hombre. La burguesía ha producido maravillas mucho mayores que las pirámides de Egipto, los acueductos romanos y las catedrales góticas; ha acometido y dado cima a empresas mucho más grandiosas que las emigraciones de los pueblos y las cruzadas.

La burguesía no puede existir si no es revolucionando incesantemente los instrumentos de la producción, que tanto vale decir el sistema todo de la producción, y con él todo el régimen social. Lo contrario de cuantas clases sociales la precedieron, que tenían todas por condición primaria de vida la intangibilidad del régimen de producción vigente. La época de la burguesía se caracteriza y distingue de todas las demás por el constante y agitado desplazamiento de la producción, por la conmoción ininterrumpida de todas las relaciones sociales, por una inquietud y una dinámica incesantes. Las relaciones inconmovibles y mohosas del pasado, con todo su séquito de ideas y creencias viejas y venerables, se derrumban, y las nuevas envejecen antes de echar raíces. Todo lo que se creía permanente y perenne se esfuma, lo santo es profanado, y, al fin, el hombre se ve constreñido, por la fuerza de las cosas, a contemplar con mirada fría su vida y sus relaciones con los demás.

La necesidad de encontrar mercados espolea a la burguesía de una punta o otra del planeta. Por todas partes anida, en todas partes construye, por doquier establece relaciones. La burguesía, al explotar el mercado mundial, da a la producción y al consumo de todos los países un sello cosmopolita. Entre los lamentos de los reaccionarios destruye los cimientos nacionales de la industria. Las viejas industrias nacionales se vienen a tierra, arrolladas por otras nuevas, cuya instauración es problema vital para todas las naciones civilizadas; por industrias que ya no transforman como antes las materias primas del país, sino las traídas de los climas más lejanos y cuyos productos encuentran salida no sólo dentro de las fronteras, sino en todas las partes del mundo. Brotan necesidades nuevas que ya no bastan a satisfacer, como en otro tiempo, los frutos del país, sino que reclaman para su satisfacción los productos de tierras remotas. Ya no reina aquel mercado local y nacional que se bastaba así mismo y donde no entraba nada de fuera; ahora, la red del comercio es universal y en ella entran, unidas por vínculos de interdependencia, todas las naciones. Y lo que acontece con la producción material, acontece también con la del espíritu. Los productos espirituales de las diferentes naciones vienen a formar un acervo común. Las limitaciones y peculiaridades del carácter nacional van pasando a segundo plano, y las literaturas locales y nacionales confluyen todas en una literatura universal.

La burguesía, con el rápido perfeccionamiento de todos los medios de producción, con las facilidades increíbles de su red de comunicaciones, lleva la civilización hasta a las naciones más salvajes. El bajo precio de sus mercancías es la artillería pesada con la que derrumba todas las murallas de la China, con la que obliga a capitular a las tribus bárbaras más ariscas en su odio contra el extranjero. Obliga a todas las naciones a abrazar el régimen de producción de la burguesía o perecer; las obliga a implantar en su propio seno la llamada civilización, es decir, a hacerse burguesas. Crea un mundo hecho a su imagen y semejanza. La burguesía somete el campo al imperio de la ciudad. Crea ciudades enormes, intensifica la población urbana en una fuerte proporción respecto a la campesina y arranca a una parte considerable de la gente del campo al cretinismo de la vida rural. Y del mismo modo que somete el campo a la ciudad, somete los pueblos bárbaros y semibárbaros a las naciones civilizadas, los pueblos campesinos a los pueblos burgueses, el Oriente al Occidente.

La burguesía va aglutinando cada vez más los medios de producción, la propiedad y los habitantes del país. Aglomera la población, centraliza los medios de producción y concentra en manos de unos cuantos la propiedad. Este proceso tenía que conducir, por fuerza lógica, a un régimen de centralización política. Territorios antes independientes, apenas aliados, con intereses distintos, distintas leyes, gobiernos autónomos y líneas aduaneras propias, se asocian y refunden en una nación única, bajo un Gobierno, una ley, un interés nacional de clase y una sola línea aduanera.

En el siglo corto que lleva de existencia como clase soberana, la burguesía ha creado energías productivas mucho más grandiosas y colosales que todas las pasadas generaciones juntas. Basta pensar en el sometimiento de las fuerzas naturales por la mano del hombre, en la maquinaria, en la aplicación de la química a la industria y la agricultura, en la navegación de vapor, en los ferrocarriles, en el telégrafo eléctrico, en la roturación de continentes enteros, en los ríos abiertos a la navegación, en los nuevos pueblos que brotaron de la tierra como por ensalmo. ¿Quién, en los pasados siglos, pudo sospechar siquiera que en el regazo de la sociedad fecundada por el trabajo del hombre yaciesen soterradas tantas y tales energías y elementos de producción?

Hemos visto que los medios de producción y de transporte sobre los cuales se desarrolló la burguesía brotaron en el seno de la sociedad feudal. Cuando estos medios de transporte y de producción alcanzaron una determinada fase en su desarrollo, resultó que las condiciones en que la sociedad feudal producía y comerciaba, la organización feudal de la agricultura y la manufactura, en una palabra, el régimen feudal de la propiedad, no correspondían ya al estado progresivo de las fuerzas productivas. Obstruían la producción en vez de fomentarla. Se habían convertido en otras tantas trabas para su desenvolvimiento. Era menester hacerlas saltar, y saltaron.

Vino a ocupar su puesto la libre concurrencia, con la constitución política y social a ella adecuada, en la que se revelaba ya la hegemonía económica y política de la clase burguesa. Pues bien: ante nuestros ojos se desarrolla hoy un espectáculo semejante. Las condiciones de producción y de cambio de la burguesía, el régimen burgués de la propiedad, la moderna sociedad burguesa, que ha sabido hacer brotar como por encanto tan fabulosos medios de producción y de transporte, recuerda al brujo impotente para dominar los espíritus subterráneos que conjuró. Desde hace varias décadas, la historia de la industria y del comercio no es más que la historia de las modernas fuerzas productivas que se rebelan contra el régimen vigente de producción, contra el régimen de la propiedad, donde residen las condiciones de vida y de predominio político de la burguesía. Basta mencionar las crisis comerciales, cuya periódica reiteración supone un peligro cada vez mayor para la existencia de la sociedad burguesa toda. Las crisis comerciales, además de destruir una gran parte de los productos elaborados, aniquilan una parte considerable de las fuerzas productivas existentes. En esas crisis se desata una epidemia social que a cualquiera de las épocas anteriores hubiera parecido absurda e inconcebible: la epidemia de la superproducción. La sociedad se ve retrotraída repentinamente a un estado de barbarie momentánea; se diría que una plaga de hambre o una gran guerra aniquiladora la han dejado esquilmado, sin recursos para subsistir; la industria, el comercio están a punto de perecer. ¿Y todo por qué? Porque la sociedad posee demasiada civilización, demasiados recursos, demasiada industria, demasiado comercio. Las fuerzas productivas de que dispone no sirven ya para fomentar el régimen burgués de la propiedad; son ya demasiado poderosas para servir a este régimen, que embaraza su desarrollo. Y tan pronto como logran vencer este obstáculo, siembran el desorden en la sociedad burguesa, amenazan dar al traste con el régimen burgués de la propiedad. Las condiciones sociales burguesas resultan ya demasiado angostas para abarcar la riqueza por ellas engendrada. ¿Cómo se sobrepone a las crisis la burguesía? De dos maneras: destruyendo violentamente una gran masa de fuerzas productivas y conquistándose nuevos mercados, a la par que procurando explotar más concienzudamente los mercados antiguos. Es decir, que remedia unas crisis preparando otras más extensas e imponentes y mutilando los medios de que dispone para precaverlas. Las armas con que la burguesía derribó al feudalismo se vuelven ahora contra ella. Y la burguesía no sólo forja las armas que han de darle la muerte, sino que, además, pone en pie a los hombres llamados a manejarlas: estos hombres son los obreros, los proletarios. En la misma proporción en que se desarrolla la burguesía, es decir, el capital, desarróllase también el proletariado, esa clase obrera moderna que sólo puede vivir encontrando trabajo y que sólo encuentra trabajo en la medida en que éste alimenta a incremento el capital. El obrero, obligado a venderse a trozos, es una mercancía como otra cualquiera, sujeta, por tanto, a todos los cambios y modalidades de la concurrencia, a todas las fluctuaciones del mercado.

La extensión de la maquinaria y la división del trabajo quitan a éste, en el régimen proletario actual, todo carácter autónomo, toda libre iniciativa y todo encanto para el obrero. El trabajador se convierte en un simple resorte de la máquina, del que sólo se exige una operación mecánica, monótona, de fácil aprendizaje. Por eso, los gastos que supone un obrero se reducen, sobre poco más o menos, al mínimo de lo que necesita para vivir y para perpetuar su raza. Y ya se sabe que el precio de una mercancía, y como una de tantas el trabajo, equivale a su coste de producción. Cuanto más repelente es el trabajo, tanto más disminuye el salario pagado al obrero. Más aún: cuanto más aumentan la maquinaria y la división del trabajo, tanto más aumenta también éste, bien porque se alargue la jornada, bien porque se intensifique el rendimiento exigido, se acelere la marcha de las máquinas, etc. La industria moderna ha convertido el pequeño taller del maestro patriarcal en la gran fábrica del magnate capitalista. Las masas obreras concentradas en la fábrica son sometidas a una organización y disciplina militares. Los obreros, soldados rasos de la industria, trabajan bajo el mando de toda una jerarquía de sargentos, oficiales y jefes. No son sólo siervos de la burguesía y del Estado burgués, sino que están todos los días y a todas horas bajo el yugo esclavizador de la máquina, del contramaestre, y sobre todo, del industrial burgués dueño de la fábrica. Y este despotismo es tanto más mezquino, más execrable, más indignante, cuanta mayor es la franqueza con que proclama que no tiene otro fin que el lucro. Cuanto menores son la habilidad y la fuerza que reclama el trabajo manual, es decir, cuanto mayor es el desarrollo adquirido por la moderna industria, también es mayor la proporción en que el trabajo de la mujer y el niño desplaza al del hombre. Socialmente, ya no rigen para la clase obrera esas diferencias de edad y de sexo. Son todos, hombres, mujeres y niños, meros instrumentos de trabajo, entre los cuales no hay más diferencia que la del coste. Y cuando ya la explotación del obrero por el fabricante ha dado su fruto y aquél recibe el salario, caen sobre él los otros representantes de la burguesía: el casero, el tendero, el prestamista, etc.

Toda una serie de elementos modestos que venían perteneciendo a la clase media, pequeños industriales, comerciantes y rentistas, artesanos y labriegos, son absorbidos por el proletariado; unos, porque su pequeño caudal no basta para alimentar las exigencias de la gran industria y sucumben arrollados por la competencia de los capitales más fuertes, y otros porque sus aptitudes quedan sepultadas bajo los nuevos progresos de la producción. Todas las clases sociales contribuyen, pues, a nutrir las filas del proletariado.

El proletariado recorre diversas etapas antes de fortificarse y consolidarse. Pero su lucha contra la burguesía data del instante mismo de su existencia.

Al principio son obreros aislados; luego, los de una fábrica; luego, los de todas una rama de trabajo, los que se enfrentan, en una localidad, con el burgués que personalmente los explota. Sus ataques no van sólo contra el régimen burgués de producción, van también contra los propios instrumentos de la producción; los obreros, sublevados, destruyen las mercancías ajenas que les hacen la competencia, destrozan las máquinas, pegan fuego a las fábricas, pugnan por volver a la situación, ya enterrada, del obrero medieval.

En esta primera etapa, los obreros forman una masa diseminada por todo el país y desunida por la concurrencia. Las concentraciones de masas de obreros no son todavía fruto de su propia unión, sino fruto de la unión de la burguesía, que para alcanzar sus fines políticos propios tiene que poner en movimiento -cosa que todavía logra- a todo el proletariado. En esta etapa, los proletarios no combaten contra sus enemigos, sino contra los enemigos de sus enemigos, contra los vestigios de la monarquía absoluta, los grandes señores de la tierra, los burgueses no industriales, los pequeños burgueses. La marcha de la historia está toda concentrada en manos de la burguesía, y cada triunfo así alcanzado es un triunfo de la clase burguesa.

Sin embargo, el desarrollo de la industria no sólo nutre las filas del proletariado, sino que las aprieta y concentra; sus fuerzas crecen, y crece también la conciencia de ellas. Y al paso que la maquinaria va borrando las diferencias y categorías en el trabajo y reduciendo los salarios casi en todas partes a un nivel bajísimo y uniforme, van nivelándose también los intereses y las condiciones de vida dentro del proletariado. La competencia, cada vez más aguda, desatada entre la burguesía, y las crisis comerciales que desencadena, hacen cada vez más inseguro el salario del obrero; los progresos incesantes y cada día más veloces del maquinismo aumentan gradualmente la inseguridad de su existencia; las colisiones entre obreros y burgueses aislados van tomando el carácter, cada vez más señalado, de colisiones entre dos clases. Los obreros empiezan a coaligarse contra los burgueses, se asocian y unen para la defensa de sus salarios. Crean organizaciones permanentes para pertrecharse en previsión de posibles batallas. De vez en cuando estallan revueltas y sublevaciones.

Los obreros arrancan algún triunfo que otro, pero transitorio siempre. El verdadero objetivo de estas luchas no es conseguir un resultado inmediato, sino ir extendiendo y consolidando la unión obrera. Coadyuvan a ello los medios cada vez más fáciles de comunicación, creados por la gran industria y que sirven para poner en contacto a los obreros de las diversas regiones y localidades. Gracias a este contacto, las múltiples acciones locales, que en todas partes presentan idéntico carácter, se convierten en un movimiento nacional, en una lucha de clases. Y toda lucha de clases es una acción política. Las ciudades de la Edad Media, con sus caminos vecinales, necesitaron siglos enteros para unirse con las demás; el proletariado moderno, gracias a los ferrocarriles, ha creado su unión en unos cuantos años.

Esta organización de los proletarios como clase, que tanto vale decir como partido político, se ve minada a cada momento por la concurrencia desatada entre los propios obreros. Pero avanza y triunfa siempre, a pesar de todo, cada vez más fuerte, más firme, más pujante. Y aprovechándose de las discordias que surgen en el seno de la burguesía, impone la sanción legal de sus intereses propios. Así nace en Inglaterra la ley de la jornada de diez horas. Las colisiones producidas entre las fuerzas de la antigua sociedad imprimen nuevos impulsos al proletariado. La burguesía lucha incesantemente: primero, contra la aristocracia; luego, contra aquellos sectores de la propia burguesía cuyos intereses chocan con los progresos de la industria, y siempre contra la burguesía de los demás países. Para librar estos combates no tiene más remedio que apelar al proletariado, reclamar su auxilio, arrastrándolo así a la palestra política. Y de este modo, le suministra elementos de fuerza, es decir, armas contra sí misma.

Además, como hemos visto, los progresos de la industria traen a las filas proletarias a toda una serie de elementos de la clase gobernante, o a lo menos los colocan en las mismas condiciones de vida. Y estos elementos suministran al proletariado nuevas fuerzas. Finalmente, en aquellos períodos en que la lucha de clases está a punto de decidirse, es tan violento y tan claro el proceso de desintegración de la clase gobernante latente en el seno de la sociedad antigua, que una pequeña parte de esa clase se desprende de ella y abraza la causa revolucionaria, pasándose a la clase que tiene en sus manos el porvenir. Y así como antes una parte de la nobleza se pasaba a la burguesía, ahora una parte de la burguesía se pasa al campo del proletariado; en este tránsito rompen la marcha los intelectuales burgueses, que, analizando teóricamente el curso de la historia, han logrado ver claro en sus derroteros. De todas las clases que hoy se enfrentan con la burguesía no hay más que una verdaderamente revolucionaria: el proletariado. Las demás perecen y desaparecen con la gran industria; el proletariado, en cambio, es su producto genuino y peculiar.

Los elementos de las clases medias, el pequeño industrial, el pequeño comerciante, el artesano, el labriego, todos luchan contra la burguesía para salvar de la ruina su existencia como tales clases. No son, pues, revolucionarios, sino conservadores. Más todavía, reaccionarios, pues pretenden volver atrás la rueda de la historia. Todo lo que tienen de revolucionario es lo que mira a su tránsito inminente al proletariado; con esa actitud no defienden sus intereses actuales, sino los futuros; se despojan de su posición propia para abrazar la del proletariado.

El proletariado andrajoso, esa putrefacción pasiva de las capas más bajas de la vieja sociedad, se verá arrastrado en parte al movimiento por una revolución proletaria, si bien las condiciones todas de su vida lo hacen más propicio a dejarse comprar como instrumento de manejos reaccionarios.

Las condiciones de vida de la vieja sociedad aparecen ya destruidas en las condiciones de vida del proletariado. El proletario carece de bienes. Sus relaciones con la mujer y con los hijos no tienen ya nada de común con las relaciones familiares burguesas; la producción industrial moderna, el moderno yugo del capital, que es el mismo en Inglaterra que en Francia, en Alemania que en Norteamérica, borra en él todo carácter nacional. Las leyes, la moral, la religión, son para él otros tantos prejuicios burgueses tras los que anidan otros tantos intereses de la burguesía. Todas las clases que le precedieron y conquistaron el Poder procuraron consolidar las posiciones adquiridas sometiendo a la sociedad entera a su régimen de adquisición. Los proletarios sólo pueden conquistar para sí las fuerzas sociales de la producción aboliendo el régimen adquisitivo a que se hallan sujetos, y con él todo el régimen de apropiación de la sociedad. Los proletarios no tienen nada propio que asegurar, sino destruir todos los aseguramientos y seguridades privadas de los demás.

Hasta ahora, todos los movimientos sociales habían sido movimientos desatados por una minoría o en interés de una minoría. El movimiento proletario es el movimiento autónomo de una inmensa mayoría en interés de una mayoría inmensa. El proletariado, la capa más baja y oprimida de la sociedad actual, no puede levantarse, incorporarse, sin hacer saltar, hecho añicos desde los cimientos hasta el remate, todo ese edificio que forma la sociedad oficial. Por su forma, aunque no por su contenido, la campaña del proletariado contra la burguesía empieza siendo nacional. Es lógico que el proletariado de cada país ajuste ante todo las cuentas con su propia burguesía.

Al esbozar, en líneas muy generales, las diferentes fases de desarrollo del proletariado, hemos seguido las incidencias de la guerra civil más o menos embozada que se plantea en el seno de la sociedad vigente hasta el momento en que esta guerra civil desencadena una revolución abierta y franca, y el proletariado, derrocando por la violencia a la burguesía, echa las bases de su poder.

Hasta hoy, toda sociedad descansó, como hemos visto, en el antagonismo entre las clases oprimidas y las opresoras. Mas para poder oprimir a una clase es menester asegurarle, por lo menos, las condiciones indispensables de vida, pues de otro modo se extinguiría, y con ella su esclavizamiento. El siervo de la gleba se vio exaltado a miembro del municipio sin salir de la servidumbre, como el villano convertido en burgués bajo el yugo del absolutismo feudal. La situación del obrero moderno es muy distinta, pues lejos de mejorar conforme progresa la industria, decae y empeora por debajo del nivel de su propia clase. El obrero se depaupera, y el pauperismo se desarrolla en proporciones mucho mayores que la población y la riqueza. He ahí una prueba palmaria de la incapacidad de la burguesía para seguir gobernando la sociedad e imponiendo a ésta por norma las condiciones de su vida como clase. Es incapaz de gobernar, porque es incapaz de garantizar a sus esclavos la existencia ni aun dentro de su esclavitud, porque se ve forzada a dejarlos llegar hasta una situación de desamparo en que no tiene más remedio que mantenerles, cuando son ellos quienes debieran mantenerla a ella. La sociedad no puede seguir viviendo bajo el imperio de esa clase; la vida de la burguesía se ha hecho incompatible con la sociedad.

La existencia y el predominio de la clase burguesa tienen por condición esencial la concentración de la riqueza en manos de unos cuantos individuos, la formación e incremento constante del capital; y éste, a su vez, no puede existir sin el trabajo asalariado. El trabajo asalariado presupone, inevitablemente, la concurrencia de los obreros entre sí. Los progresos de la industria, que tienen por cauce automático y espontáneo a la burguesía, imponen, en vez del aislamiento de los obreros por la concurrencia, su unión revolucionaria por la organización. Y así, al desarrollarse la gran industria, la burguesía ve tambalearse bajo sus pies las bases sobre que produce y se apropia lo producido. Y a la par que avanza, se cava su fosa y cría a sus propios enterradores. Su muerte y el triunfo del proletariado sin igualmente inevitables.

# II. PROLETARIOS Y COMUNISTAS

¿Qué relación guardan los comunistas con los proletarios en general? Los comunistas no forman un partido aparte de los demás partidos obreros.

No tienen intereses propios que se distingan de los intereses generales del proletariado. No profesan principios especiales con los que aspiren a modelar el movimiento proletario.

Los comunistas no se distinguen de los demás partidos proletarios más que en esto: en que destacan y reivindican siempre, en todas y cada una de las acciones nacionales proletarias, los intereses comunes y peculiares de todo el proletariado, independientes de su nacionalidad, y en que, cualquiera que sea la etapa histórica en que se mueva la lucha entre el proletariado y la burguesía, mantienen siempre el interés del movimiento enfocado en su conjunto. Los comunistas son, pues, prácticamente, la parte más decidida, el acicate siempre en tensión de todos los partidos obreros del mundo; teóricamente, llevan de ventaja a las grandes masas del proletariado su clara visión de las condiciones, los derroteros y los resultados generales a que ha de abocar el movimiento proletario.

El objetivo inmediato de los comunistas es idéntico al que persiguen los demás partidos proletarios en general: formar la conciencia de clase del proletariado, derrocar el régimen de la burguesía, llevar al proletariado a la conquista del Poder.

Las proposiciones teóricas de los comunistas no descansan ni mucho menos en las ideas, en los principios forjados o descubiertos por ningún redentor de la humanidad. Son todas expresión generalizada de las condiciones materiales de una lucha de clases real y vívida, de un movimiento histórico que se está desarrollando a la vista de todos. La abolición del régimen vigente de la propiedad no es tampoco ninguna característica peculiar del comunismo. Las condiciones que forman el régimen de la propiedad han estado sujetas siempre a cambios históricos, a alteraciones históricas constantes.

Así, por ejemplo, la Revolución francesa abolió la propiedad feudal para instaurar sobre sus ruinas la propiedad burguesa.

Lo que caracteriza al comunismo no es la abolición de la propiedad en general, sino la abolición del régimen de propiedad de la burguesía, de esta moderna institución de la propiedad privada burguesa, expresión última y la más acabada de ese régimen de producción y apropiación de lo producido que reposa sobre el antagonismo de dos clases, sobre la explotación de unos hombres por otros.

Así entendida, sí pueden los comunistas resumir su teoría en esa fórmula: abolición de la propiedad privada.

Se nos reprocha que queremos destruir la propiedad personal bien adquirida, fruto del trabajo y del esfuerzo humano, esa propiedad que es para el hombre la base de toda libertad, el acicate de todas las actividades y la garantía de toda independencia.

¡La propiedad bien adquirida, fruto del trabajo y del esfuerzo humano! ¿Os referís acaso a la propiedad del humilde artesano, del pequeño labriego, precedente histórico de la propiedad burguesa? No, ésa no necesitamos destruirla; el desarrollo de la industria lo ha hecho ya y lo está haciendo a todas horas.

¿O queréis referirnos a la moderna propiedad privada de la burguesía? Decidnos: ¿es que el trabajo asalariado, el trabajo de proletario, le rinde propiedad? No, ni mucho menos. Lo que rinde es capital, esa forma de propiedad que se nutre de la explotación del trabajo asalariado, que sólo puede crecer y multiplicarse a condición de engendrar nuevo trabajo asalariado para hacerlo también objeto de su explotación. La propiedad, en la forma que hoy presenta, no admite salida a este antagonismo del capital y el trabajo asalariado. Detengámonos un momento a contemplar los dos términos de la antítesis.

Ser capitalista es ocupar un puesto, no simplemente personal, sino social, en el proceso de la producción. El capital es un producto colectivo y no puede ponerse en marcha más que por la cooperación de muchos individuos, y aún cabría decir que, en rigor, esta cooperación abarca la actividad común de todos los individuos de la sociedad. El capital no es, pues, un patrimonio personal, sino una potencia social.

Los que, por tanto, aspiramos a convertir el capital en propiedad colectiva, común a todos los miembros de la sociedad, no aspiramos a convertir en colectiva una riqueza personal. A lo único que aspiramos es a transformar el carácter colectivo de la propiedad, a despojarla de su carácter de clase.

Hablemos ahora del trabajo asalariado. El precio medio del trabajo asalariado es el mínimo del salario, es decir, la suma de víveres necesaria para sostener al obrero como tal obrero. Todo lo que el obrero asalariado adquiere con su trabajo es, pues, lo que estrictamente necesita para seguir viviendo y trabajando. Nosotros no aspiramos en modo alguno a destruir este régimen de apropiación personal de los productos de un trabajo encaminado a crear medios de vida: régimen de apropiación que no deja, como vemos, el menor margen de rendimiento líquido y, con él, la posibilidad de ejercer influencia sobre los demás hombres. A lo que aspiramos es a destruir el carácter oprobioso de este régimen de apropiación en que el obrero sólo vive para multiplicar el capital, en que vive tan sólo en la medida en que el interés de la clase dominante aconseja que viva. En la sociedad burguesa, el trabajo vivo del hombre no es más que un medio de incrementar el trabajo acumulado. En la sociedad comunista, el trabajo acumulado será, por el contrario, un simple medio para dilatar, fomentar y enriquecer la vida del obrero.

En la sociedad burguesa es, pues, el pasado el que impera sobre el presente; en la comunista, imperará el presente sobre el pasado. En la sociedad burguesa se reserva al capital toda personalidad e iniciativa; el individuo trabajador carece de iniciativa y personalidad. ¡Y a la abolición de estas condiciones, llama la burguesía abolición de la personalidad y la libertad! Y, sin embargo, tiene razón. Aspiramos, en efecto, a ver abolidas la personalidad, la independencia y la libertad burguesa.

Por libertad se entiende, dentro del régimen burgués de la producción, el librecambio, la libertad de comprar y vender.

Desaparecido el tráfico, desaparecerá también, forzosamente el libre tráfico. La apología del libre tráfico, como en general todos los ditirambos a la libertad que entona nuestra burguesía, sólo tienen sentido y razón de ser en cuanto significan la emancipación de las trabas y la servidumbre de la Edad Media, pero palidecen ante la abolición comunista del tráfico, de las condiciones burguesas de producción y de la propia burguesía.

Os aterráis de que queramos abolir la propiedad privada, ¡cómo si ya en el seno de vuestra sociedad actual, la propiedad privada no estuviese abolida para nueve décimas partes de la población, como si no existiese precisamente a costa de no existir para esas nueve décimas partes! ¿Qué es, pues, lo que en rigor nos reprocháis? Querer destruir un régimen de propiedad que tiene por necesaria condición el despojo de la inmensa mayoría de la sociedad. Nos reprocháis, para decirlo de una vez, querer abolir vuestra propiedad. Pues sí, a eso es a lo que aspiramos.

Para vosotros, desde el momento en que el trabajo no pueda convertirse ya en capital, en dinero, en renta, en un poder social monopolizable; desde el momento en que la propiedad personal no pueda ya trocarse en propiedad burguesa, la persona no existe.

Con eso confesáis que para vosotros no hay más persona que el burgués, el capitalista. Pues bien, la personalidad así concebida es la que nosotros aspiramos a destruir.

El comunismo no priva a nadie del poder de apropiarse productos sociales; lo único que no admite es el poder de usurpar por medio de esta apropiación el trabajo ajeno.

Se arguye que, abolida la propiedad privada, cesará toda actividad y reinará la indolencia universal.

Si esto fuese verdad, ya hace mucho tiempo que se habría estrellado contra el escollo de la holganza una sociedad como la burguesa, en que los que trabajan no adquieren y los que adquieren, no trabajan. Vuestra objeción viene a reducirse, en fin de cuentas, a una verdad que no necesita de demostración, y es que, al desaparecer el capital, desaparecerá también el trabajo asalariado.

Las objeciones formuladas contra el régimen comunista de apropiación y producción material, se hacen extensivas a la producción y apropiación de los productos espirituales. Y así como el destruir la propiedad de clases equivale, para el burgués, a destruir la producción, el destruir la cultura de clase es para él sinónimo de destruir la cultura en general. Esa cultura cuya pérdida tanto deplora, es la que convierte en una máquina a la inmensa mayoría de la sociedad.

Al discutir con nosotros y criticar la abolición de la propiedad burguesa partiendo de vuestras ideas burguesas de libertad, cultura, derecho, etc., no os dais cuenta de que esas mismas ideas son otros tantos productos del régimen burgués de propiedad y de producción, del mismo modo que vuestro derecho no es más que la voluntad de vuestra clase elevada a ley: una voluntad que tiene su contenido y encarnación en las condiciones materiales de vida de vuestra clase.

Compartís con todas las clases dominantes que han existido y perecieron la idea interesada de que vuestro régimen de producción y de propiedad, obra de condiciones históricas que desaparecen en el transcurso de la producción, descansa sobre leyes naturales eternas y sobre los dictados de la razón. Os explicáis que haya perecido la propiedad antigua, os explicáis que pereciera la propiedad feudal; lo que no os podéis explicar es que perezca la propiedad burguesa, vuestra propiedad.

¡Abolición de la familia! Al hablar de estas intenciones satánicas de los comunistas, hasta los más radicales gritan escándalo.

Pero veamos: ¿en qué se funda la familia actual, la familia burguesa? En el capital, en el lucro privado. Sólo la burguesía tiene una familia, en el pleno sentido de la palabra; y esta familia encuentra su complemento en la carencia forzosa de relaciones familiares de los proletarios y en la pública prostitución.

Es natural que ese tipo de familia burguesa desaparezca al desaparecer su complemento, y que una y otra dejen de existir al dejar de existir el capital, que le sirve de base. ¿Nos reprocháis acaso que aspiremos a abolir la explotación de los hijos por sus padres? Sí, es cierto, a eso aspiramos.

Pero es, decís, que pretendemos destruir la intimidad de la familia, suplantando la educación doméstica por la social.

¿Acaso vuestra propia educación no está también influida por la sociedad, por las condiciones sociales en que se desarrolla, por la intromisión más o menos directa en ella de la sociedad a través de la escuela, etc.? No son precisamente los comunistas los que inventan esa intromisión de la sociedad en la educación; lo que ellos hacen es modificar el carácter que hoy tiene y sustraer la educación a la influencia de la clase dominante.

Esos tópicos burgueses de la familia y la educación, de la intimidad de las relaciones entre padres e hijos, son tanto más grotescos y descarados cuanto más la gran industria va desgarrando los lazos familiares de los proletarios y convirtiendo a los hijos en simples mercancías y meros instrumentos de trabajo.

¡Pero es que vosotros, los comunistas, nos grita a coro la burguesía entera, pretendéis colectivizar a las mujeres!

El burgués, que no ve en su mujer más que un simple instrumento de producción, al oírnos proclamar la necesidad de que los instrumentos de producción sean explotados colectivamente, no puede por menos de pensar que el régimen colectivo se hará extensivo igualmente a la mujer. No advierte que de lo que se trata es precisamente de acabar con la situación de la mujer como mero instrumento de producción.

Nada más ridículo, por otra parte, que esos alardes de indignación, henchida de alta moral de nuestros burgueses, al hablar de la tan cacareada colectivización de las mujeres por el comunismo. No; los comunistas no tienen que molestarse en implantar lo que ha existido siempre o casi siempre en la sociedad.

Nuestros burgueses, no bastándoles, por lo visto, con tener a su disposición a las mujeres y a los hijos de sus proletarios -¡y no hablemos de la prostitución oficial!-, sienten una grandísima fruición en seducirse unos a otros sus mujeres.

En realidad, el matrimonio burgués es ya la comunidad de las esposas. A lo sumo, podría reprocharse a los comunistas el pretender sustituir este hipócrita y recatado régimen colectivo de hoy por una colectivización oficial, franca y abierta, de la mujer. Por lo demás, fácil es comprender que, al abolirse el régimen actual de producción, desaparecerá con él el sistema de comunidad de la mujer que engendra, y que se refugia en la prostitución, en la oficial y en la encubierta.

A los comunistas se nos reprocha también que queramos abolir la patria, la nacionalidad. Los trabajadores no tienen patria. Mal se les puede quitar lo que no tienen. No obstante, siendo la mira inmediata del proletariado la conquista del Poder político, su exaltación a clase nacional, a nación, es evidente que también en él reside un sentido nacional, aunque ese sentido no coincida ni mucho menos con el de la burguesía.

Ya el propio desarrollo de la burguesía, el librecambio, el mercado mundial, la uniformidad reinante en la producción industrial, con las condiciones de vida que engendra, se encargan de borrar más y más las diferencias y antagonismos nacionales.

El triunfo del proletariado acabará de hacerlos desaparecer. La acción conjunta de los proletarios, a lo menos en las naciones civilizadas, es una de las condiciones primordiales de su emancipación. En la medida y a la par que vaya desapareciendo la explotación de unos individuos por otros, desaparecerá también la explotación de unas naciones por otras. Con el antagonismo de las clases en el seno de cada nación, se borrará la hostilidad de las naciones entre sí.

No queremos entrar a analizar las acusaciones que se hacen contra el comunismo desde el punto de vista religioso-filosófico e ideológico en general.

No hace falta ser un lince para ver que, al cambiar las condiciones de vida, las relaciones sociales, la existencia social del hombre, cambian también sus ideas, sus opiniones y sus conceptos, su conciencia, en una palabra.

La historia de las ideas es una prueba palmaria de cómo cambia y se transforma la producción espiritual con la material. Las ideas imperantes en una época han sido siempre las ideas propias de la clase imperante.

Se habla de ideas que revolucionan a toda una sociedad; con ello, no se hace más que dar expresión a un hecho, y es que en el seno de la sociedad antigua han germinado ya los elementos para la nueva, y a la par que se esfuman o derrumban las antiguas condiciones de vida, se derrumban y esfuman las ideas antiguas.

Cuando el mundo antiguo estaba a punto de desaparecer, las religiones antiguas fueron vencidas y suplantadas por el cristianismo. En el siglo XVIII, cuando las ideas cristianas sucumbían ante el racionalismo, la sociedad feudal pugnaba desesperadamente, haciendo un último esfuerzo, con la burguesía, entonces revolucionaria. Las ideas de libertad de conciencia y de libertad religiosa no hicieron más que proclamar el triunfo de la libre concurrencia en el mundo ideológico.

Se nos dirá que las ideas religiosas, morales, filosóficas, políticas, jurídicas, etc., aunque sufran alteraciones a lo largo de la historia, llevan siempre un fondo de perennidad, y que por debajo de esos cambios siempre ha habido una religión, una moral, una filosofía, una política, un derecho.

Además, se seguirá arguyendo, existen verdades eternas, como la libertad, la justicia, etc., comunes a todas las sociedades y a todas las etapas de progreso de la sociedad. Pues bien, el comunismo -continúa el argumento- viene a destruir estas verdades eternas, la moral, la religión, y no a sustituirlas por otras nuevas; viene a interrumpir violentamente todo el desarrollo histórico anterior.

Veamos a qué queda reducida esta acusación. Hasta hoy, toda la historia de la sociedad ha sido una constante sucesión de antagonismos de clases, que revisten diversas modalidades, según las épocas.

Mas, cualquiera que sea la forma que en cada caso adopte, la explotación de una parte de la sociedad por la otra es un hecho común a todas las épocas del pasado. Nada tiene, pues, de extraño que la conciencia social de todas las épocas se atenga, a despecho de toda la variedad y de todas las divergencias, a ciertas formas comunes, formas de conciencia hasta que el antagonismo de clases que las informa no desaparezca radicalmente.

La revolución comunista viene a romper de la manera más radical con el régimen tradicional de la propiedad; nada tiene, pues, de extraño que se vea obligada a romper, en su desarrollo, de la manera también más radical, con las ideas tradicionales.

Pero no queremos detenernos por más tiempo en los reproches de la burguesía contra el comunismo.

Ya dejamos dicho que el primer paso de la revolución obrera será la exaltación del proletariado al Poder, la conquista de la democracia.

El proletariado se valdrá del Poder para ir despojando paulatinamente a la burguesía de todo el capital, de todos los instrumentos de la producción, centralizándolos en manos del Estado, es decir, del proletariado organizado como clase gobernante, y procurando fomentar por todos los medios y con la mayor rapidez posible las energías productivas.

Claro está que, al principio, esto sólo podrá llevarse a cabo mediante una acción despótica sobre la propiedad y el régimen burgués de producción, por medio de medidas que, aunque de momento parezcan económicamente insuficientes e insostenibles, en el transcurso del movimiento serán un gran resorte propulsor y de las que no puede prescindiese como medio para transformar todo el régimen de producción vigente.

Estas medidas no podrán ser las mismas, naturalmente, en todos los países. Para los más progresivos mencionaremos unas cuantas, susceptibles, sin duda, de ser aplicadas con carácter más o menos general, según los casos.

1. Expropiación de la propiedad inmueble y aplicación de la renta del suelo a los gastos públicos.

2. Fuerte impuesto progresivo.

3. Abolición del derecho de herencia.

4. Confiscación de la fortuna de los emigrados y rebeldes.

5. Centralización del crédito en el Estado por medio de un Banco nacional con capital del Estado y régimen de monopolio.

6. Nacionalización de los transportes.

7. Multiplicación de las fábricas nacionales y de los medios de producción, roturación y mejora de terrenos con arreglo a un plan colectivo.

8. Proclamación del deber general de trabajar; creación de ejércitos industriales, principalmente en el campo.

9. Articulación de las explotaciones agrícolas e industriales; tendencia a ir borrando gradualmente las diferencias entre el campo y la ciudad.

10. Educación pública y gratuita de todos los niños. Prohibición del trabajo infantil en las fábricas bajo su forma actual. Régimen combinado de la educación con la producción material, etc.

Tan pronto como, en el transcurso del tiempo, hayan desaparecido las diferencias de clase y toda la producción esté concentrada en manos de la sociedad, el Estado perderá todo carácter político. El Poder político no es, en rigor, más que el poder organizado de una clase para la opresión de la otra. El proletariado se ve forzado a organizarse como clase para luchar contra la burguesía; la revolución le lleva al Poder; mas tan pronto como desde él, como clase gobernante, derribe por la fuerza el régimen vigente de producción, con éste hará desaparecer las condiciones que determinan el antagonismo de clases, las clases mismas, y, por tanto, su propia soberanía como tal clase.

Y a la vieja sociedad burguesa, con sus clases y sus antagonismos de clase, sustituirá una asociación en que el libre desarrollo de cada uno condicione el libre desarrollo de todos.

# III. LITERATURA SOCIALISTA Y COMUNISTA

## 1. El socialismo reaccionario

### El socialismo feudal

La aristocracia francesa e inglesa, que no se resignaba a abandonar su puesto histórico, se dedicó, cuando ya no pudo hacer otra cosa, a escribir libelos contra la moderna sociedad burguesa. En la revolución francesa de julio de 1830, en el movimiento reformista inglés, volvió a sucumbir, arrollada por el odiado intruso. Y no pudiendo dar ya ninguna batalla política seria, no le quedaba más arma que la pluma. Mas también en la palestra literaria habían cambiado los tiempos; ya no era posible seguir empleando el lenguaje de la época de la Restauración.[5] Para ganarse simpatías, la aristocracia hubo de olvidar aparentemente sus intereses y acusar a la burguesía, sin tener presente más interés que el de la clase obrera explotada. De este modo, se daba el gusto de provocar a su adversario y vencedor con amenazas y de musitarle al oído profecías más o menos catastróficas.

Nació así, el socialismo feudal, una mezcla de lamento, eco del pasado y rumor sordo del porvenir; un socialismo que de vez en cuando asestaba a la burguesía un golpe en medio del corazón con sus juicios sardónicos y acerados, pero que casi

___

5. No se trata aquí de la Restauración inglesa de 1660-1689, sino de la francesa de 1814-1830.

siempre movía a risa por su total incapacidad para comprender la marcha de la historia moderna.

Con el fin de atraer hacia sí al pueblo, tremolaba el saco del mendigo proletario por bandera. Pero cuantas veces lo seguía, el pueblo veía brillar en las espaldas de los caudillos las viejas armas feudales y se dispersaba con una risotada nada contenida y bastante irrespetuosa. Una parte de los legitimistas franceses y la joven Inglaterra, fueron los más perfectos organizadores de este espectáculo.

Esos señores feudales, que tanto insisten en demostrar que sus modos de explotación no se parecían en nada a los de la burguesía, se olvidan de una cosa, y es de que las circunstancias y condiciones en que ellos llevaban a cabo su explotación han desaparecido. Y, al enorgullecerse de que bajo su régimen no existía el moderno proletariado, no advierten que esta burguesía moderna que tanto abominan, es un producto históricamente necesario de su orden social.

Por lo demás, no se molestan gran cosa en encubrir el sello reaccionario de sus doctrinas, y así se explica que su más rabiosa acusación contra la burguesía sea precisamente el crear y fomentar bajo su régimen una clase que está llamada a derruir todo el orden social heredado. Lo que más reprochan a la burguesía no es el engendrar un proletariado, sino el engendrar un proletariado revolucionario.

Por eso, en la práctica están siempre dispuestos a tomar parte en todas las violencias y represiones contra la clase obrera, y en la prosaica realidad se resignan, pese a todas las retóricas ampulosas, a recolectar también los huevos de oro y a trocar la nobleza, el amor y el honor caballerescos por el vil tráfico en lana, remolacha y aguardiente.[6]

Como los curas van siempre del brazo de los señores feudales, no es extraño que con este socialismo feudal venga a confluir el socialismo clerical.

Nada más fácil que dar al ascetismo cristiano un barniz socialista. ¿No combatió también el cristianismo contra la propiedad privada, contra el matrimonio, contra el Estado? ¿No predicó frente a las instituciones la caridad y la limosna, el celibato y el castigo de la carne, la vida monástica y la Iglesia? El socialismo cristiano es el hisopazo con que el clérigo bendice el despecho del aristócrata.

## El socialismo pequeñoburgués

La aristocracia feudal no es la única clase derrocada por la burguesía, la única clase cuyas condiciones de vida ha venido a oprimir y matar la sociedad burguesa moderna. Los villanos medievales y los pequeños labriegos fueron los precursores de la moderna burguesía. Y en los países en que la industria y el comercio no han alcanzado un nivel suficiente de desarrollo, esta clase sigue vegetando al lado de la burguesía ascensional.

---

6. Esto se refiere en primer término a Alemania, donde los terratenientes aristócratas y los "junkers" cultivan por cuenta propia gran parte de sus tierras con ayuda de administradores, y poseen, además, grandes fábricas de azúcar de remolacha y destilerías de alcohol. Los más acaudalados aristócratas británicos todavía no han llegado a tanto; pero también ellos saben cómo pueden compensar la disminución de la renta, cediendo sus nombres a los fundadores de toda clase de sociedades anónimas de reputación más o menos dudosa.

En aquellos otros países en que la civilización moderna alcanza un cierto grado de progreso, ha venido a formarse una nueva clase pequeñoburguesa que flota entre la burguesía y el proletariado y que, si bien gira constantemente en torno a la sociedad burguesa como satélite suyo, no hace más que brindar nuevos elementos al proletariado, precipitados a éste por la concurrencia; al desarrollarse la gran industria llega un momento en que esta parte de la sociedad moderna pierde su substantividad y se ve suplantada en el comercio, en la manufactura, en la agricultura por los capataces y los domésticos.

En países como Francia, en que la clase labradora representa mucho más de la mitad de la población, era natural que ciertos escritores, al abrazar la causa del proletariado contra la burguesía, tomasen por norma, para criticar el régimen burgués, los intereses de los pequeños burgueses y los campesinos, simpatizando por la causa obrera con el ideario de la pequeña burguesía. Así nació el socialismo pequeñoburgués. Su representante más caracterizado, lo mismo en Francia que en Inglaterra, es Sismondi.

Este socialismo ha analizado con una gran agudeza las contradicciones del moderno régimen de producción. Ha desenmascarado las argucias hipócritas con que pretenden justificarlas los economistas. Ha puesto de relieve de modo irrefutable, los efectos aniquiladores del maquinismo y la división del trabajo, la concentración de los capitales y la propiedad inmueble, la superproducción, las crisis, la inevitable desaparición de los pequeños burgueses y labriegos, la miseria del proletariado, la anarquía reinante en la producción, las desigualdades irritantes que claman en la distribución de la riqueza, la aniquiladora guerra industrial de unas naciones contra otras, la disolución de las costumbres antiguas, de la familia tradicional, de las viejas nacionalidades.

Pero en lo que atañe ya a sus fórmulas positivas, este socialismo no tiene más aspiración que restaurar los antiguos medios de producción y de cambio, y con ellos el régimen tradicional de propiedad y la sociedad tradicional, cuando no pretende volver a encajar por la fuerza los modernos medios de producción y de cambio dentro del marco del régimen de propiedad que hicieron y forzosamente tenían que hacer saltar. En uno y otro caso peca, a la par, de reaccionario y de utópico.

En la manufactura, la restauración de los viejos gremios, y en el campo, la implantación de un régimen patriarcal: he ahí sus dos magnas aspiraciones.

Hoy, esta corriente socialista ha venido a caer en una cobarde modorra.

## El socialismo alemán o "verdadero" socialismo

La literatura socialista y comunista de Francia, nacida bajo la presión de una burguesía gobernante y expresión literaria de la lucha librada contra su avasallamiento, fue importada en Alemania en el mismo instante en que la burguesía empezaba a sacudir el yugo del absolutismo feudal.

Los filósofos, pseudofilósofos y grandes ingenios del país se asimilaron codiciosamente aquella literatura, pero olvidando que con las doctrinas no habían pasado la frontera también las condiciones sociales a que respondían. Al enfrentarse con la situación alemana, la literatura socialista francesa perdió toda su importancia práctica directa, para asumir una fisonomía puramente literaria y convertirse en una ociosa especulación acerca del espíritu humano y de sus proyecciones sobre la realidad. Y así, mientras que los postulados de la primera revolución francesa eran, para los filósofos alemanes del siglo XVIII, los postulados de la "razón práctica" en general, las aspiraciones de la burguesía francesa revolucionaria representaban a sus ojos las leyes de la voluntad pura, de la voluntad ideal, de una voluntad verdaderamente humana.

La única preocupación de los literatos alemanes era armonizar las nuevas ideas francesas con su vieja conciencia filosófica, o, por mejor decir, asimilarse desde su punto de vista filosófico aquellas ideas.

Esta asimilación se llevó a cabo por el mismo procedimiento con que se asimila uno una lengua extranjera: traduciéndola.

Todo el mundo sabe que los monjes medievales se dedicaban a recamar los manuscritos que atesoraban las obras clásicas del paganismo con todo género de insubstanciales historias de santos de la Iglesia católica. Los literatos alemanes procedieron con la literatura francesa profana de un modo inverso. Lo que hicieron fue empalmar sus absurdos filosóficos a los originales franceses. Y así, donde el original desarrollaba la crítica del dinero, ellos pusieron: "expropiación del ser humano"; donde se criticaba el Estado burgués: "abolición del imperio de lo general abstracto", y así por el estilo.

Esta interpelación de locuciones y galimatías filosóficos en las doctrinas francesas, fue bautizada con los nombres de "filosofía del hecho", "verdadero socialismo", "ciencia alemana del socialismo", "fundamentación filosófica del socialismo", y otros semejantes.

De este modo, la literatura socialista y comunista francesa perdía toda su virilidad. Y como, en manos de los alemanes, no expresaba ya la lucha de una clase contra otra clase, el profesor germano se hacía la ilusión de haber superado el "parcialismo francés"; a falta de verdaderas necesidades pregonaba la de la verdad, y a falta de los intereses del proletariado mantenía los intereses del ser humano, del hombre en general, de ese hombre que no reconoce clases, que ha dejado de vivir en la realidad para transportarse al cielo vaporoso de la fantasía filosófica.

Sin embargo, este socialismo alemán, que tomaba tan en serio sus desmayados ejercicios escolares y que tanto y tan solemnemente trompeteaba, fue perdiendo poco a poco su pedantesca inocencia.

En la lucha de la burguesía alemana, y principalmente, de la prusiana, contra el régimen feudal y la monarquía absoluta, el movimiento liberal fue tomando un cariz más serio. Esto deparaba al "verdadero" socialismo la ocasión apetecida para oponer al movimiento político las reivindicaciones socialistas, para fulminar los consabidos anatemas contra el liberalismo, contra el Estado representativo, contra la libre concurrencia burguesa, contra la libertad de Prensa, la libertad, la igualdad y el derecho burgueses, predicando ante la masa del pueblo que con este movimiento burgués no saldría ganando nada y sí perdiendo mucho. El socialismo alemán se cuidaba de olvidar oportunamente que la crítica francesa, de la que no era más que un eco sin vida, presuponía la existencia de la sociedad burguesa moderna, con sus peculiares condiciones materiales de vida y su organización política adecuada, supuestos previos ambos en torno a los cuales giraba precisamente la lucha en Alemania.

Este "verdadero" socialismo les venía al dedillo a los gobiernos absolutos alemanes, con toda su cohorte de clérigos, maestros de escuela, hidalgüelos raídos y cagatintas, pues les servía de espantapájaros contra la amenazadora burguesía. Era una especie de melifluo complemento a los feroces latigazos y a las balas de fusil con que esos gobiernos recibían los levantamientos obreros.

Pero el "verdadero" socialismo, además de ser, como vemos, un arma en manos de los gobiernos contra la burguesía alemana, encarnaba de una manera directa un interés reaccionario, el interés de la baja burguesía del país. La pequeña burguesía, heredada del siglo XVI y que desde entonces no había cesado de aflorar bajo diversas formas y modalidades, constituye en Alemania la verdadera base social del orden vigente.

Conservar esta clase es conservar el orden social imperante. Del predominio industrial y político de la burguesía teme la ruina segura, tanto por la concentración de capitales que ello significa, como porque entraña la formación de un proletariado revolucionario. El "verdadero" socialismo venía a cortar de un tijeretazo -así se lo imaginaba ella- las dos alas de este peligro. Por eso, se extendió por todo el país como una verdadera epidemia. El ropaje ampuloso en que los socialistas alemanes envolvían el puñado de huesos de sus "verdades eternas", un ropaje tejido con hebras especulativas, bordado con las flores retóricas de su ingenio, empapado de nieblas melancólicas y románticas, hacía todavía más gustosa la mercancía para ese público.

Por su parte, el socialismo alemán comprendía más claramente cada vez que su misión era la de ser el alto representante y abanderado de esa baja burguesía.

Proclamó a la nación alemana como nación modelo y al súbdito alemán como el tipo ejemplar de hombre. Dio a todos sus servilismos y vilezas un hondo y oculto sentido socialista, tornándolos en lo contrario de lo que en realidad eran. Y al alzarse curiosamente contra las tendencias "bárbaras y destructivas" del comunismo, subrayando como contraste la imparcialidad sublime de sus propias doctrinas, ajenas a toda lucha de clases, no hacía más que sacar la última consecuencia lógica de su sistema. Toda la pretendida literatura socialista y comunista que circula por Alemania, con poquísimas excepciones, profesa estas doctrinas repugnantes y castradas.[7]

## 2. El socialismo burgués o conservador

Una parte de la burguesía desea mitigar las injusticias sociales, para de este modo garantizar la perduración de la sociedad burguesa.

Se encuentran en este bando los economistas, los filántropos, los humanitarios, los que aspiran a mejorar la situación de las clases obreras, los organizadores de actos de beneficencia, las sociedades protectoras de animales, los promotores de

---

7. La tormenta revolucionaria de 1848 barrió esta miserable escuela y ha quitado a sus partidarios todo deseo de seguir haciendo socialismo. El principal representante y el tipo clásico de esta escuela es el señor Karl Grün.

campañas contra el alcoholismo, los predicadores y reformadores sociales de toda laya.

Pero, además, de este socialismo burgués han salido verdaderos sistemas doctrinales. Sirva de ejemplo la Filosofía de la miseria de Proudhon.

Los burgueses socialistas considerarían ideales las condiciones de vida de la sociedad moderna sin las luchas y los peligros que encierran. Su ideal es la sociedad existente, depurada de los elementos que la corroen y revolucionan: la burguesía sin el proletariado. Es natural que la burguesía se represente el mundo en que gobierna como el mejor de los mundos posibles. El socialismo burgués eleva esta idea consoladora a sistema o semisistema. Y al invitar al proletariado a que lo realice, tomando posesión de la nueva Jerusalén, lo que en realidad exige de él es que se avenga para siempre al actual sistema de sociedad, pero desterrando la deplorable idea que de él se forma.

Una segunda modalidad, aunque menos sistemática bastante más práctica, de socialismo, pretende ahuyentar a la clase obrera de todo movimiento revolucionario haciéndole ver que lo que a ella le interesa no son tales o cuales cambios políticos, sino simplemente determinadas mejoras en las condiciones materiales, económicas, de su vida. Claro está que este socialismo se cuida de no incluir entre los cambios que afectan a las "condiciones materiales de vida" la abolición del régimen burgués de producción, que sólo puede alcanzarse por la vía revolucionaria; sus aspiraciones se contraen a esas reformas administrativas que son conciliables con el actual régimen de producción y que, por tanto, no tocan para nada a las relaciones entre el capital y el trabajo asalariado, sirviendo sólo -en el mejor de los casos- para abaratar a la burguesía las costas de su reinado y sanearle el presupuesto.

Este socialismo burgués a que nos referimos, sólo encuentra expresión adecuada allí donde se convierte en mera figura retórica.

¡Pedimos el librecambio en interés de la clase obrera! ¡En interés de la clase obrera pedimos aranceles protectores! ¡Pedimos prisiones celulares en interés de la clase trabajadora! Hemos dado, por fin, con la suprema y única seria aspiración del socialismo burgués. Todo el socialismo de la burguesía se reduce, en efecto, a una tesis y es que los burgueses lo son y deben seguir siéndolo en interés de la clase trabajadora.

## 3. El socialismo y el comunismo crítico-utópico

No queremos referirnos aquí a las doctrinas que en todas las grandes revoluciones modernas abrazan las aspiraciones del proletariado (obras de Babeuf, etc.).

Las primeras tentativas del proletariado para ahondar directamente en sus intereses de clase, en momentos de conmoción general, en el período de derrumbamiento de la sociedad feudal, tenían que tropezar necesariamente con la falta de desarrollo del propio proletariado, de una parte, y de otra con la ausencia de las condiciones materiales indispensables para su emancipación, que habían de ser el fruto de la época burguesa. La literatura revolucionaria que guía estos primeros pasos vacilantes del proletariado es, y necesariamente tenía que serlo, juzgada por su contenido, reaccionaria. Estas doctrinas profesan un ascetismo universal y un torpe y vago igualitarismo.

Los verdaderos sistemas socialistas y comunistas, los sistemas de Saint-Simon, de Fourier, de Owen, etc., brotan en la primera fase embrionaria de las luchas entre el proletariado y la burguesía, tal como más arriba la dejamos esbozada. (V. el capítulo "Burgueses y proletarios").

Cierto es que los autores de estos sistemas penetran ya en el antagonismo de las clases y en la acción de los elementos disolventes que germinan en el seno de la propia sociedad gobernante. Pero no aciertan todavía a ver en el proletariado una acción histórica independiente, un movimiento político propio y peculiar.

Y como el antagonismo de clase se desarrolla siempre a la par con la industria, se encuentran con que les faltan las condiciones materiales para la emancipación del proletariado, y es en vano que se debatan por crearlas mediante una ciencia social y a fuerza de leyes sociales. Esos autores pretenden suplantar la acción social por su acción personal especulativa, las condiciones históricas que han de determinar la emancipación proletaria por condiciones fantásticas que ellos mismos se forjan, la gradual organización del proletariado como clase por una organización de la sociedad inventada a su antojo. Para ellos, el curso universal de la historia que ha de venir se cifra en la propaganda y práctica ejecución de sus planes sociales.

Es cierto que en esos planes tienen la conciencia de defender primordialmente los intereses de la clase trabajadora, pero sólo porque la consideran la clase más sufrida. Es la única función en que existe para ellos el proletariado.

La forma embrionaria que todavía presenta la lucha de clases y las condiciones en que se desarrolla la vida de estos autores hace que se consideren ajenos a esa lucha de clases y como situados en un plano muy superior. Aspiran a mejorar las condiciones de vida de todos los individuos de la sociedad, incluso los mejor acomodados. De aquí que no cesen de apelar a la sociedad entera sin distinción, cuando no se dirigen con preferencia a la propia clase gobernante. Abrigan la seguridad de que basta conocer su sistema para acatarlo como el plan más perfecto para la mejor de las sociedades posibles.

Por eso, rechazan todo lo que sea acción política, y muy principalmente la revolucionaria; quieren realizar sus aspiraciones por la vía pacífica e intentan abrir paso al nuevo evangelio social predicando con el ejemplo, por medio de pequeños experimentos que, naturalmente, les fallan siempre.

Estas descripciones fantásticas de la sociedad del mañana brotan en una época en que el proletariado no ha alcanzado aún la madurez, en que, por tanto, se forja todavía una serie de ideas fantásticas acerca de su destino y posición, dejándose llevar por los primeros impulsos, puramente intuitivos, de transformar radicalmente la sociedad.

Y, sin embargo, en estas obras socialistas y comunistas hay ya un principio de crítica, puesto que atacan las bases todas de la sociedad existente. Por eso, han contribuido notablemente a ilustrar la conciencia de la clase trabajadora. Mas, fuera de esto, sus doctrinas de carácter positivo acerca de la sociedad futura, las que predican, por ejemplo, que en ella se borrarán las diferencias entre la ciudad y el campo o las que proclaman la abolición de la familia, de la propiedad privada, del trabajo asalariado, el triunfo de la armonía social, la transformación del Estado en un simple organismo administrativo de la producción, giran todas en torno a la desaparición de la lucha de clases, de esa lucha de clases que empieza a dibujarse y que ellos apenas si conocen en su primera e informe vaguedad. Por eso, todas sus doctrinas y aspiraciones tienen un carácter puramente utópico.

La importancia de este socialismo y comunismo crítico-utópico está en razón inversa al desarrollo histórico de la sociedad. Al paso que la lucha de clases se define y acentúa, va perdiendo importancia práctica y sentido teórico esa fantástica posición de superioridad respecto a ella, esa fe fantástica en su supresión. Por eso, aunque algunos de los autores de estos sistemas socialistas fueran en muchos respectos verdaderos revolucionarios, sus discípulos forman hoy día sectas indiscutiblemente reaccionarias, que tremolan y mantienen imperturbables las viejas ideas de sus maestros frente a los nuevos derroteros históricos del proletariado. Son, pues, consecuentes cuando pugnan por mitigar la lucha de clases y por conciliar lo inconciliable. Y siguen soñando con la fundación de falansterios, con la colonización interior, con la creación de una pequeña Icaria,[8] edición en miniatura de la nueva Jerusalén. Y para levantar todos esos castillos en el aire, no tienen más remedio que apelar a la filantrópica generosidad de los corazones y los bolsillos burgueses. Poco a poco van resbalando a la categoría de los socialistas reaccionarios o conservadores, de los cuales sólo se distinguen por su sistemática pedantería y por el fanatismo supersticioso con que comulgan en las milagrerías de su ciencia social. He ahí por qué se enfrentan rabiosamente con todos los movimientos políticos a que se entrega el proletariado, lo bastante ciego para no creer en el nuevo evangelio que ellos le predican.

En Inglaterra, los owenistas se alzan contra los cartistas, y en Francia, los reformistas tienen enfrente a los discípulos de Fourier.

## 4. Actitud de los comunistas ante los otros partidos de la oposición

Después de lo que dejamos dicho en el capítulo II, fácil es comprender la relación que guardan los comunistas con los demás partidos obreros ya existentes, con los cartistas ingleses y con los reformadores agrarios de Norteamérica.

Los comunistas, aunque luchando siempre por alcanzar los objetivos inmediatos y defender los intereses cotidianos de la clase obrera, representan a la par, dentro del movimiento actual, su porvenir. En Francia se alían al partido democrático-socialista contra la burguesía conservadora y radical, mas sin renunciar por esto a su derecho de crítica frente a los tópicos y las ilusiones procedentes de la tradición revolucionaria.

En Suiza apoyan a los radicales, sin ignorar que este partido es una mezcla de elementos contradictorios: de demócratas socialistas, a la manera francesa, y de burgueses radicales. En Polonia, los comunistas apoyan al partido que sostiene la

---

8. Falansterios se llamaban a las colonias socialistas proyectadas por Carlos Fourier. Icaria era el nombre dado por Cabet a su país utópico y más tarde a su colonia comunista en América.

revolución agraria, como condición previa para la emancipación nacional del país, al partido que provocó la insurrección de Cracovia en 1846.

En Alemania, el partido comunista luchará al lado de la burguesía, mientras ésta actúe revolucionariamente, dando con ella la batalla a la monarquía absoluta, a la gran propiedad feudal y a la pequeña burguesía.

Pero todo esto sin dejar un solo instante de laborar entre los obreros, hasta afirmar en ellos con la mayor claridad posible la conciencia del antagonismo hostil que separa a la burguesía del proletariado, para que, llegado el momento, los obreros alemanes se encuentren preparados para volverse contra la burguesía, como otras tantas armas, esas mismas condiciones políticas y sociales que la burguesía, una vez que triunfe, no tendrá más remedio que implantar; para que en el instante mismo en que sean derrocadas las clases reaccionarias comience, automáticamente, la lucha contra la burguesía.

Las miradas de los comunistas convergen con un especial interés sobre Alemania, pues no desconocen que este país está en vísperas de una revolución burguesa y que esa sacudida revolucionaria se va a desarrollar bajo las propicias condiciones de la civilización europea y con un proletariado mucho más potente que el de Inglaterra en el siglo XVII y el de Francia en el XVIII, razones todas para que la revolución alemana burguesa que se avecina no sea más que el preludio inmediato de una revolución proletaria.

Resumiendo: los comunistas apoyan en todas partes, como se ve, cuantos movimientos revolucionarios se planteen contra el régimen social y político imperante. En todos estos movimientos se ponen de relieve el régimen de la propiedad, cualquiera que sea la forma más o menos progresiva que revista, como la cuestión fundamental que se ventila. Finalmente, los comunistas laboran por llegar a la unión y la inteligencia de los partidos democráticos de todos los países.

Los comunistas no tienen por qué guardar encubiertas sus ideas e intenciones. Abiertamente declaran que sus objetivos sólo pueden alcanzarse derrocando por la violencia todo el orden social existente. Tiemblen, si quieren, las clases gobernantes, ante la perspectiva de una revolución comunista. Los proletarios, con ella, no tienen nada que perder, como no sea sus cadenas. Tienen, en cambio, un mundo entero que ganar.

# ¡PROLETARIOS DEL MUNDO, UNÍOS!